31/8/0?
/10

PROVERBS IN THE PATTER

1 ✗   3 ✗   73 ✓   131 ✓
5 ✓   75 ✗   133 ✗
7 ✗   77 ✗
9 ✗ 11 ✓ 79 ✓
17 ✓ 13 ✗ 91 ✗
21 ✓
23 ✗   93 ✓
27 ✓   95 ✓
33 ✓ 35 ✗ 101 ✓
37 ✓   107 ✓
41 ✓   111 ✓
43 ✓   113 ✗
45 ✓   115 ✓
47 ✓   117 ✗
49 ✓   119 ✓
53 ✓   121 ✗
57 ✓   123 ✗
61 ✓   125 ✗
65 ✓   129 ✗
67 ✗

Proverbs in the Patter

WISE WORDS FROM THE GOOD BOOK

JAMIE STUART

SAINT ANDREW PRESS
EDINBURGH

To my granddaughter
Alison

First published in 2006 by
SAINT ANDREW PRESS
121 George Street, Edinburgh EH2 4YN

Copyright © Jamie Stuart, 2006

10-digit ISBN 0 7152 0833 0
13-digit ISBN 978 0 7152 0833 5

British Library Cataloguing in Publication Data
A catalogue record for this book is available from the
British Library.

Typeset in Palatino by Waverley Typesetters
Printed and bound by Bell & Bain Ltd, Glasgow

Contents

List of References

Sources

Authorised King James Version of the Holy Bible

The Good News Bible

The Living Bible

The New International Version Study Bible

Chambers Scots Dictionary (Edinburgh: W. & R. Chambers, 1911, repr. 1982)

William Graham, *The Scots Word Book* (Edinburgh: Ramsay Head Press, 1977)

T. Whyte Paterson, *The Wyse-sayin's o' Solomon: The Proverbs Rendered in Scots* (Paisley, 1917)

Eugene Peterson, *The Message* (London: HarperCollins, 1996)

M. Robinson et al. (eds), *The Concise Scots Dictionary* (Aberdeen: SNDA Ltd / Aberdeen University Press, 1985)

Foreword

Proverbs is not the easiest of books in the Bible to understand. It is long; it comes from different sources; it often repeats what has already been said. Yet it contains much of value, with shrewd comments on life and with sound, stimulating advice. It has come down to us in a variety of different translations. Some of the language is 'gey strange', very different from what we use in our patter today.

Jamie Stuart has taken selections from the Book of Proverbs and placed them side by side with his own rendering in much more familiar words. You can argue about the choices he has made; you can wonder whether in each case he has picked up the true meaning of the biblical text; but there is much to make you think and ponder in this book.

To take but two examples:

Proverbs 11:2 reads:

'When pride cometh, then cometh shame: but with the lowly is wisdom.'

This Jamie renders:

'Where there's pride, there's a faw no far awa. Modest folk tend tae keep the heid.'

Proverbs 11:9 says:

'An hypocrite with his mouth destroyeth his neighbour: but through knowledge shall the just be delivered.'

Jamie renders this:

'Evil clash will hurt yer neibour. Guid sense heids aff a stramash.'

If *Proverbs in the Patter* rings any bells for you – and I am sure it will – it should encourage you to go back to the Book of Proverbs, there to learn from its richness and its challenge. If this happens, Jamie will be delighted. As he has done so often in his earlier books, he will have made part of the Bible come alive for you in a new way.

Or, as he puts it in his translation of Proverbs 14:10:

'Each hert kens its ain dool; an naebody should spoil its gladness.'

There is gladness and joy in this book – enjoy it!

ROBERT DAVIDSON

Acknowledgements

The author would like to express his sincere thanks to the following people for their help in the preparation of this book: Dr Donald Smith, Director of the Scottish Storytelling Centre, The Netherbow, Edinburgh; and Professor Robert Davidson, former Moderator of the General Assembly of the Church of Scotland, currently Emeritus Professor of Old Testament at the University of Glasgow.

Introduction

The Proverbs in the Bible present us with a rational way of living an ordered life; they refer to what is generally true in the normal pattern of life. They speak so much common sense.

The chapters of the book deal with riveting ideas which reflect issues like friendship, marriage, speech, money and integrity. The practical nature of the Proverbs makes it applicable to almost everyone.

Readers may be familiar with my other books – *A Scots Gospel*, *The Glasgow Gospel*, *Auld Testament Tales* and *A Glasgow Bible*. In all four, my aim was to present the Bible stories in the language of the people.

Prince Charles has commented on the majesty of the Authorised Version. I would agree with him. The King James translation has great majesty, dignity and lyrical beauty. However, it is the language of 400 years ago, and it does not always communicate clearly. Regional dialects have become much more acceptable than they were some years ago. Perhaps Sir Sean had something to do with it!

In this wee book, I have used the Authorised Bible version of my namesake, King Jamie Stuart (VI of Scotland and I of

England), and have compared it with what I regard as the present-day Scottish vernacular. I make no apology for the piecemeal nature of my selections from Proverbs. My aim has just been to make the sayings as accessible as possible to the ordinary person. The genius of the Scots language is its great variety of expression – and that, surely, is its strength.

I trust you will enjoy my rendering, and – as weel – tak tent o the wisdom! A Scots glossary is appended.

JAMIE STUART
Glasgow
January 2006

Prologue

Chapter 1, verses 1–6

The Proverbs of Solomon the son of David, king of Israel;

To know wisdom and instruction; to perceive the words of understanding;
To receive the instruction of wisdom, justice, and judgment, and equity;
To give subtilty to the simple, to the young man knowledge and discretion.
A wise man will hear, and will increase learning; and a man of understanding shall attain unto wise counsels:
To understand a proverb, and the interpretation; the words of the wise, and their dark sayings.

Regardin the pith o the hale book

Tae ken whit's wise an whit's guid advice;
Tae hiv a deep understaunin o words;
Tae grasp the canny dealins o life, an tak tent o whit's right an fair;
Tae gie guidance tae the feckless, an tae the growin laddie a heid-fu o knowledge.
Ye hiv afore ye the words o the wise an their auld sayins – weel worthy o study.

1

1. Take fast hold of instruction; let her not go: keep her; for she is thy life.

(4:13)

2. A wise son maketh a glad father: but a foolish son is the heaviness of his mother.

(10:1)

Tak a close grip o guid coonsel; dinnae let her awa; haud her; for she's the very life o ye.

A son wha keeps the heid will please his faither, but a rebel boy gies his maw a hard time.

3. He that gathereth in summer is a wise son: but he that sleepeth in harvest is a son that causeth shame.

(10:5)

4. Blessings are upon the head of the just: but violence covereth the mouth of the wicked.

(10:6)

A wise laddie pits aside
in the summer. He's a
chancer wha kips at the
harvest.

Blessins croon the heid
o the righteous, but sair
skelps will ding on the
gab o the cruel folk.

5. The memory of the just is blessed: but the name of the wicked shall rot.

(10:7)

6. He that walketh uprightly walketh surely: but he that perverteth his ways shall be known.

(10:9)

The stamp o the guid will bide in oor herts, but the name o the wicked will melt intae nothin.

Guid folk haud their heids high; the crook will be the talk o the steamie.

7. He that winketh
with the eye causeth
sorrow: but a prating
fool shall fall.

(10:10)

8. The mouth of a
righteous man is
a well of life: but
violence covereth the
mouth of the wicked.

(10:11)

*If ye're aye winkin,
ye're sure tae cause
herm; the bletherin
cratur will faw doon.*

*The mooth o a guid
bodie is a joy tae hear,
but the mooth o the
wicked is fu o clash.* ✕

9. Hatred stirreth up strifes: but love covereth all sins.

(10:12)

10. In the lips of him that hath understanding wisdom is found: but a rod is for the back of him that is void of understanding.

(10:13)

Ill-will can mak a stooshie, but love can settle a stramash.

A wise bodie talks guid sense; the wans wi nac gumption get a stick on their shouder.

11. In the multitude of words there wanteth not sin: but he that refraineth his lips is wise.

(10:19)

12. The tongue of the just is as choice silver: the heart of the wicked is little worth.

(10:20)

If ye're deavin folks wi words, there's mair chance o sinnin. Folk wha steek their gabs are wise.

When a guid person speaks, jist listen. The hert o the wicked has nae value.

13. The blessing of the Lord, it maketh rich, and he addeth no sorrow with it.

(10:22)

14. It is as sport to a fool to do mischief: but a man of understanding hath wisdom.

(10:23)

The gifts o the Lord mak ye weel-aff. There's nae sadness alang wi the offer.

There's nae herm in breakin the law, says the fool. Folk wi their wits aboot them hiv a braw life.

15. As the whirlwind passeth, so is the wicked no more: but the righteous is an everlasting foundation.

(10:25)

16. As vinegar to the teeth, and as smoke to the eyes, so is the sluggard to them that send him.

(10:26)

The blast o the storm blaws the wicked clean oot o sight. Guid folk are aye safe wi the Lord for their anchor.

Like vinegar seepin aboot the mooth, an like smoke reekin tae the een, so is the lazy lout a pain in the behouchie tae the honest folk wha hiv tae thole him.

17. The fear of the Lord
    prolongeth days:
    but the years of
    the wicked shall be
    shortened.

    (10:27)

18. The righteous shall
    never be removed:
    but the wicked shall
    not inhabit the earth.

    (10:30)

Love for yer Maker
will eke oot yer life; the
years o the wicked will
be clippit doon.

Fair folk shall aye
receive God's blessin.
Wrang-doers will come
tummlin doon.

19. The mouth of the just bringeth forth wisdom: but the froward tongue shall be cut out.

(10:31)

20. A false balance is abomination to the Lord: but a just weight is his delight.

(11:1)

The guid folk gie canny advice. But the tongue speakin evil will be sneckit aff.

The Lord abhors phoney weights. Fair scales are dear tae His hert.

21. When pride cometh,
then cometh shame:
but with the lowly is
wisdom.

(11:2)

22. Riches profit not in
the day of wrath:
but righteousness
delivereth from death.

(11:4)

Where there's pride, there's a faw no far awa. Modest folk tend tae keep the heid.

(Aw the gear in the world will be nae use on judgement day.)The Maister will check yer morals!

23. An hypocrite with his mouth destroyeth his neighbour: but through knowledge shall the just be delivered.

(11:9)

24. When it goeth well with the righteous, the city rejoiceth: and when the wicked perish, there is shouting.

(11:10)

Evil clash will hurt yer neibour. Guid sense heids aff a stramash.

The hale toon sings when things gang weel for the just folk. An when the godless dee, it's weel worth a grand hullabaloo.

25. He that is void of
    wisdom despiseth
    his neighbour: but a
    man of understanding
    holdeth his peace.

    (11:12)

26. A talebearer revealeth
    secrets: but he that
    is of a faithful spirit
    concealeth the matter.

    (11:13)

Tae hiv stooshies wi neibours isnae very wise: clever folk jist haud their tongues.

A clishmaclaver cannae be trusted. Decent folk haud secrets tae theirsels.

27. He that is surety for
a stranger shall smart
for it: and he that
hateth suretiship is
sure.

(11:15)

28. The merciful man
doeth good to his
own soul: but he that
is cruel troubleth his
own flesh.

(11:17)

Be sure ye ken a person
weel afore ye sign for
their credit: better
tae staun aside an be
canny.

The folk showin mercy
dae weel by their ain
souls; the cruel wans
jist damage theirsels.

29. As righteousness tendeth to life: so he that pursueth evil pursueth it to his own death.

(11:19)

30. They that are of a froward heart are abomination to the Lord: but such as are upright in their way are his delight.

(11:20)

The guid folk earn a life; the evil folk chase their ain end.

The Lord abhors the crooked hert. He taks delight in honest folk.

31. Though hand join in hand, the wicked shall not be unpunished: but the seed of the righteous shall be delivered.

(11:21)

32. As a jewel of gold in a swine's snout, so is a fair woman which is without discretion.

(11:22)

Mark this! The evil
wans will deserve their
paiks. Weel-daein folk
will be saved tae bear
fruit.

Like a gem on the neb
o a soo, so is a bonnie
wumman wi nae
gumption.

33. There is that
    scattereth, and yet
    increaseth; and there
    is that withholdeth
    more than is meet, but
    it tendeth to poverty.

    (11:24)

34. The liberal soul shall
    be made fat: and he
    that watereth shall be
    watered also himself.

    (11:25)

Hear this! A person can gie awa wi an open haun – an yet hiv mair; anither bodie can haud on tae gear – an hiv less.

They wha gie awa freely will dae weel; an folk wha slocken the drouth o ithers will be slockened when they're drouthie theirsels.

35. He that diligently seeketh good procureth favour: but he that seeketh mischief, it shall come unto him.

(11:27)

36. Whoso loveth instruction loveth knowledge: but he that hateth reproof is brutish.

(12:1)

The folk that seek for guidwill are blessed; but the cratur wha ettles trouble heids for a weel-earned stammygaster.

Tae learn, ye must accept guid advice; it's daft tae tak a scunner.

37. A man shall not
be established by
wickedness: but the
root of the righteous
shall not be moved.

(12:3)

38. A virtuous woman
is a crown to her
husband: but she that
maketh ashamed is
as rottenness in his
bones.

(12:4)

Naebody can win by sinnin: the God-fearin folk will staun firm.

A douce wumman is a joy tae her man; there's nae future for the wan that 'pits her fit in it'.

39. The thoughts of the
righteous are right:
but the counsels of the
wicked are deceit.

(12:5)

40. The words of the
wicked are to lie in
wait for blood: but the
mouth of the upright
shall deliver them.

(12:6)

Honest folk will gie ye a fair deal: they dinnae resort tae joukerie-pawkerie.

The crack o evil folk ettles blude, but the crack o decent craturs will aye win mercy.

41. A man shall be
    commended
    according to his
    wisdom: but he that
    is of a perverse heart
    shall be despised.

    (12:8)

42. He that is despised,
    and hath a servant,
    is better than he that
    honoureth himself,
    and lacketh bread.

    (12:9)

The bodie wi guid sense will be praised; the wan wi a twisted mind will gain nae respect.

Better tae be a plain chiel an hiv a job, than wan that struts aboot an hasnae a crust o breid in the hoose.

43. He that tilleth his land shall be satisfied with bread: but he that followeth vain persons is void of understanding.

(12:11)

44. The wicked desireth the net of evil men: but the root of the righteous yieldeth fruit.

(12:12)

The busy fermer will never fret aboot an empty girnal, but folk wha traik wi the glaikit hiv nae gumption.

The wicked are jealous o each ither's l *lool; the guid person's roots will lead tae blossom.*

45. The wicked is snared
by the transgression
of his lips: but the
just shall come out of
trouble.

(12:13)

46. A man shall be
satisfied with good by
the fruit of his mouth:
and the recompence
of a man's hands shall
be rendered unto him.

(12:14)

The wicked are fun oot wi their lees; honest people dinnae fash their heids wi gossip.

Weel-spoken words gie pleisur; fine works hiv their ain blessins.

47. The way of a fool
is right in his own
eyes: but he that
hearkeneth unto
counsel is wise.

(12:15)

48. A fool's wrath is
presently known:
but a prudent man
covereth shame.

(12:16)

'Ah need nae advice',
says the fool; the wise
lend their lugs tae the
best coonsel.

A gowk can lose the
heid; wise folk keep it.

49. He that speaketh truth sheweth forth righteousness: but a false witness deceit.

(12:17)

50. There is that speaketh like the piercings of a sword: but the tongue of the wise is health.

(12:18)

*The person wha
hauds by the truth
kens justice; the fause
tongue is fu o lees.*

*Ill-thocht words can
cut like a blade; there's
a balm wi some canny
words.*

51. The lip of truth shall
    be established for
    ever: but a lying
    tongue is but for a
    moment.

    (12:19)

52. Deceit is in the heart
    of them that imagine
    evil: but to the
    counsellors of peace is
    joy.

    (12:20)

*Folk wha haud by the
truth will be trusted;
lees only last for a gliff.*

*The evil people's herts
are fu o deceit; there's
a joy for everywan that
ettles guidwill.*

53. There shall no evil happen to the just: but the wicked shall be filled with mischief.

(12:21)

54. Lying lips are abomination to the Lord: but they that deal truly are his delight.

(12:22)

Nae herm can befaw a guid bodie; there will aye be trouble brewin for chancers.

God canna thole leears; honest folk gie Him pleisur.

55. A prudent man
    concealeth
    knowledge: but
    the heart of fools
    proclaimeth
    foolishness.

    (12:23)

56. The hand of the
    diligent shall bear
    rule: but the slothful
    shall be under tribute.

    (12:24)

The wise dinnae brag
aboot whit they ken;
eejits cannae keep their
mooths shut.

Hard work gies folk
power; the lazy wans
hiv tae stump up.

57. Heaviness in the heart of man maketh it stoop: but a good word maketh it glad.

(12:25)

58. In the way of righteousness is life: and in the pathway thereof there is no death.

(12:28)

A sair hert weighs a person doon; but a blithe word'll gie a big lift.

The path o the just leads tae life; sinners are takin the road tae hell.

59. A wise son heareth his
father's instruction:
but a scorner heareth
not rebuke.

(13:1)

60. He that keepeth
his mouth keepeth
his life: but he that
openeth wide his
lips shall have
destruction.

(13:3)

A wise chiel listens tae his faither; the ithers gang their ain gate.

They that keep a canny mooth guard their lives; the blether heids along the road tae ruin.

61. The soul of the
    sluggard desireth, and
    hath nothing: but the
    soul of the diligent
    shall be made fat.

    (13:4)

62. A righteous man
    hateth lying: but
    a wicked man is
    loathsome, and
    cometh to shame.

    (13:5)

Lazy folk want it aw, but get nothin; busy hauns will gain rewards.

The honest folk hate lees; wicked folk are disgustin scunners.

63. There is that maketh himself rich, yet hath nothing: there is that maketh himself poor, yet hath great riches.

(13:7)

64. The light of the righteous rejoiceth: but the lamp of the wicked shall be put out.

(13:9)

A person can become rich, but yet hiv nothin; some poor bodies hiv great wealth.

The light in the guid folk shines brightly; the leeries o the wicked shall be snuffed oot.

65. Only by pride cometh
contention: but with
the well advised is
wisdom.

(13:10)

66. Wealth gotten by
vanity shall be
diminished: but he
that gathereth by
labour shall increase.

(13:11)

Pride can lead tae a stooshie; wise folk tak guid coonsel.

Gear that's easy come by soon dwines awa; hard work's earnins will grow mair.

67. Hope deferred
maketh the heart sick:
but when the desire
cometh, it is a tree of
life.

(13:12)

68. Every prudent
man dealeth with
knowledge: but a fool
layeth open his folly.

(13:16)

Hopes that are pit doon will cause a sair hert; but when oor prayers are answered, shout Hallelujah!

The wise chiel lives wi guid sense; but the gowk's heid is tapsalteerie.

69. A wicked messenger
falleth into mischief:
but a faithful
ambassador is health.

(13:17)

70. A good man leaveth
an inheritance to his
children's children:
and the wealth of the
sinner is laid up for
the just.

(13:22)

*Dodgy agents can gie
trouble; a trusty frien
is a balm tae the hert.*

*When virtuous folk
kick the bucket, they
leave their gear tae
their grand-bairns; the
gear of the sinner ends
up wi the godly.*

71. He that spareth his
    rod hateth his son:
    but he that loveth
    him chasteneth him
    betimes.

    (13:24)

72. Where no oxen are,
    the crib is clean: but
    much increase is by
    the strength of the ox.

    (14:4)

The faither wha disnae
correct his bairns
shows nae love; when
it's deserved, a guid
skelp can dae the trick.

When there are nae
kye, the byre's at its
snoddest; but let the
byre be clean or clarty,
we're muckle beholden
tae the kye.

73. A scorner seeketh
wisdom, and findeth
it not: but knowledge
is easy unto him that
understandeth.

(14:6)

74. The heart knoweth his
own bitterness; and
a stranger doth not
inter-meddle with his
joy.

(14:10)

Cynics blether aboot knowledge; it's nae bother tae the open-minded bodies!

Each hert kens its ain dool; an naebody should spoil its gladness.

75. There is a way which seemeth right unto a man, but the end thereof are the ways of death.

(14:12)

76. Even in laughter the heart is sorrowful; and the end of that mirth is heaviness.

(14:13)

*There is a road that
wan may tak withoot
thinkin o any herm,
but at the hinneren it
may lead tae hell.*

*Laughter cannae hide a
heavy hert: there's aye
a grief tae come.*

77. The poor is hated even of his own neighbour: but the rich hath many friends.

(14:20)

78. In all labour there is profit: but the talk of the lips tendeth only to penury.

(14:23)

*Even their ain neibours
look doon on puir
bodies; the lottery-
winner has thoosans
o friens.*

*The hard grafter will
dae weel: but the
blether will end up in
the puirhoose.*

79. He that is slow to wrath is of great understanding: but he that is hasty of spirit exalteth folly.

(14:29)

80. A sound heart is the life of the flesh: but envy the rottenness of the bones.

(14:30)

Keepin a calm souch
*shows wisdom; losin
yer temper isnae clever.*

*A blithe hert will
lengthen yer life, but
jealousy will canker yer
very bones.*

81. Righteousness exalteth a nation: but sin is a reproach to any people.

(14:34)

82. A soft answer turneth away wrath: but grievous words stir up anger.

(15:1)

Devotion tae God maks a country strong; a nation's wrang-daein gies the folk a showin-up.

A canny answer quietens doon a quarrel; a hot-heid can cause a stooshie.

83. The eyes of the Lord
are in every place,
beholding the evil
and the good.

(15:3)

84. The sacrifice of
the wicked is an
abomination to the
Lord: but the prayer
of the upright is his
delight.

(15:8)

*God's een miss nothin:
He sees baith the guid
an the bad.*

*Presents frae the
wicked dinnae please
the Lord. He's pleased
tae hear frae decent
folk.*

85. Better is little with the fear of the Lord than great treasure and trouble therewith.

(15:16)

86. Better is a dinner of herbs where love is, than a stalled ox and hatred therewith.

(15:17)

*Better tae hiv a modest
hoose, an honour the
Lord, than tae be gey*
rich an hiv a sair heid.

*Better a crust o breid
served wi love, than
a banquet wi nae
welcome.*

87. A man hath joy by the answer of his mouth: and a word spoken in due season, how good is it!

(15:23)

88. The ear that heareth the reproof of life abideth among the wise.

(15:31)

Ye can be gey pleased when thinkin oot the right word at the right meenit.

The person whose lug hears healthy censure will dae weel amang wise folk.

89. The preparations of the heart in man, and the answer of the tongue, is from the Lord.

(16:1)

90. Pride goeth before destruction, and an haughty spirit before a fall.

(16:18)

*When ye're in guid
hert, the Lord will gie
ye the words ye're efter.*

*Pride gangs afore a
faw: the heid bummer
can often heid for a
tummle.*

91. Pleasant words are as
     an honeycomb, sweet
     to the soul, and health
     to the bones.

(16:24)

92. A froward man
     soweth strife: and a
     whisperer separateth
     chief friends.

(16:28)

Saft words are like honey: couthie tae the taste, an guid for yer health.

Bullies stert mony a fight, an a clishmaclaver can brek up friendships.

93. He shutteth his eyes
to devise froward
things: moving his
lips he bringeth evil to
pass.

(16:30)

94. He that is slow to
anger is better than
the mighty; and he
that ruleth his spirit
than he that taketh a
city.

(16:32)

*The wan that's aye
winkin will be plottin
evil – aye, an watch oot
for a gabbie.*

*It's better tae control
yersel than tae be big-
heided, an better tae
keep a calm sooch than
tae tak a toon.*

95. The lot is cast into the lap; but the whole disposing thereof is of the Lord.

(16:33)

96. The fining pot is for silver, and the furnace for gold: but the Lord trieth the hearts.

(17:3)

*Ye can read the dregs
in yer cup, but it's God
Himsel will gie ye the
answer.*

*Gowd an siller are
tested by fire, but it's
oor Maker wha tests
the hert.*

97. Children's children
   are the crown of old
   men; and the glory
   of children are their
   fathers.

(17:6)

98. A reproof entereth
   more into a wise man
   than an hundred
   stripes into a fool.

(17:10)

The bairns o their bairns are the pride o auld men, an the glory o bairns are their faithers.

A canny bodie learns mair frae a tellin-aff than a hunner skelps dinged oot tae a fool.

99. Let a bear robbed of her whelps meet a man, rather than a fool in his folly.

(17:12)

100. The beginning of strife is as when one letteth out water: therefore leave off contention, before it be meddled with.

(17:14)

Better tae meet a bear robbed o her faimily than tae meet a gowk wi a daft idea.

It's no easy tae stop an argie-bargie when it gets sterted – so jist decide tae haud yer wheesht.

101. A merry heart doeth
good like a medicine:
but a broken spirit
drieth the bones.

(17:22)

102. He that answereth
a matter before he
heareth it, it is folly
and shame unto him.

(18:13)

A cheery hert's nice: jist like a dose o salts; but a sorry soul can cut tae the quick.

Dearie me! Whit a brain — tae ken the answer afore the question.

103. The spirit of a man
will sustain his
infirmity; but a
wounded spirit who
can bear?

(18:14)

104. A man's gift maketh
room for him, and
bringeth him before
great men.

(18:16)

*The person wi spunk
can conquer fear; but
whit can be done wi a
sair hert?*

*A wee mindin can
work wonders: it opens
doors wi nae bother.*

105. The lot causeth contentions to cease, and parteth between the mighty.

(18:18)

106. Whoso findeth a wife findeth a good thing, and obtaineth favour of the Lord.

(18:22)

Toss a penny tae end
an argie-bargie, then
mighty folk can gang
hame in peace.

He wha gets a guid
wife gets a grand
tocher. Deed-aye, she's
a hansel frae the Lord
Himsel!

107. A man that hath friends must shew himself friendly: and there is a friend that sticketh closer than a brother.

(18:24)

108. The discretion of a man deferreth his anger; and it is his glory to pass over a transgression.

(19:11)

*Friens can come an go,
but a guid yin is like a
brither.*

*Smart folk ken how tae
haud their tongue in
anger: it's a blessin tae
forgie a slight.*

109. Wine is a mocker,
strong drink is raging:
and whosoever is
deceived thereby is
not wise.

(20:1)

110. The fear of a king is as
the roaring of a lion:
whoso provoketh
him to anger sinneth
against his own soul.

(20:2)

The bevvy-drinker
isnae clever: it's daft
tae get fu wi the hard
stuff.

The rampagin o a king
is like the bellowin o
a lion: wha eggs him
on tae a tirrivee had
best tak tent o their ain
heid!

111. The sluggard will not
plow by reason of the
cold; therefore shall
he beg in harvest, and
have nothing.

(20:4)

112. Who can say, I have
made my heart clean,
I am pure from my
sin?

(20:9)

The lazy loon'll no
stert the plooin, sayin:
'The frost's no oot the
grun yet' – an so when
the hairst-time comes
roon he'll gang beggin
hungry.

Wha can daur tae say:
'My hert's soopit oot
an clean, an I hivnae
wranged a soul'?

113. The hearing ear, and the seeing eye, the Lord hath made even both of them.

(20:12)

114. Love not sleep, lest thou come to poverty; open thine eyes, and thou shalt be satisfied with bread.

(20:13)

The lug for hearin, an the een for seein – baith o them are the work o the Lord Himsel.

Dinnae be taen up wi that bed o yours, or ye're sure tae come tae poverty. Get yersel up, an ye'll never be scrimp o breid.

adj

115. There is gold, and a multitude of rubies: but the lips of knowledge are a precious jewel.

(20:15)

116. Bread of deceit is sweet to a man; but afterwards his mouth shall be filled with gravel.

(20:17)

*There's gowd, an a pile
o rubies, but guid sense
has far mair worth.*

*Stolen breid can taste
sweet, but ye'll end
up wi a moothfu o
chuckies.*

117. The spirit of man
is the candle of the
Lord, searching all the
inward parts of the
belly.

(20:27)

118. The glory of young
men is their strength:
and the beauty of old
men is the gray head.

(20:29)

*God gies ye yer
conscience – ye cannae
jouk frae yersel.*

*Young men brag aboot
their strength; the
beauty o an auld man
is his gray pow.*

119. It is better to dwell in
the wilderness, than
with a contentious
and an angry woman.

(21:19)

120. A good name is
rather to be chosen
than great riches, and
loving favour rather
than silver or gold.

(22:1)

Better tae bide oot in the Sahara than live wi a camsteerie wumman!

A guid name is mair welcome than muckle gear; a kind spirit is better than siller or gowd.

121. The mouth of strange
women is a deep pit:
he that is abhorred
of the Lord shall fall
therein.

(22:14)

122. Make no friendship
with an angry man;
and with a furious
man thou shalt not
go: lest thou learn his
ways, and get a snare
to thy soul.

(22:24–5)

*The mooth o an ill-
daein wumman is like
a deep sheuch. Wha
disnae gie respect tae
the Lord'll faw intae it!*

*Dinnae mak friens wi
a short-tempered bodie,
an keep oot o the road
o the crabbit; or else ye
might copy them an get
a girn aboot yer face.*

123. If thou faint in the day of adversity, thy strength is small.

(24:10)

124. Every man shall kiss his lips that giveth a right answer.

(24:26)

If ye let yer hert tak a
sair dunt when things
are gangin contrary
– weel, there cannae be
muckle smeddum aboot
ye.

It's as guid's a kiss
when a bodie gies ye a
blithe answer.

125. A word fitly spoken is like apples of gold in pictures of silver.

(25:11)

126. Hast thou found honey? eat so much as is sufficient for thee, lest thou be filled therewith, and vomit it.

(25:16)

A wee word in the passin, baith couthie an pat, is like aipples o gowd in a siller basket.

Hiv ye got yer haun on a puckle honey? Weel, tak nae mair than's guid for ye, else ye might wrang yer stamack an gie yersel the boak.

127. Confidence in an unfaithful man in time of trouble is like a broken tooth, and a foot out of joint.

(25:19)

128. As coals are to burning coals, and wood to fire; so is a contentious man to kindle strife.

(26:21)

*In time o trouble, tae
trust a chancer is like
havin a sair shooglie
tooth an a lame fit.*

*Like mair coal on hot
cinners, like mair wuid
on the ingle – so is a
contermacious bodie
tae the settin-up o
collieshangies.*

129. The words of a
talebearer are as
wounds: and they
go down into the
innermost parts of the
belly.

(26:22)

130. Whoso diggeth a pit
shall fall therein: and
he that rolleth a stone,
it will return upon
him.

(26:27)

The clitter-clatters o a clishmaclaver are gey tasty, an are guzzled ower in a wanner.

They wha howk a sheuch may tummle intae it theirsels; an they wha tak tae rollin stanes may hiv them stottin aboot their ain heids.

131. As in water face
    answereth to face, so
    the heart of man to
    man.

    (27:19)

132. Whoso keepeth
    the law is a wise
    son: but he that is a
    companion of riotous
    men shameth his
    father.

    (28:7)

As in calm watters
ye get a keek o yer ain
face, so in yer face ye
get a keek at yer ain
hert.

He's a wise callan
that hauds tae the
rules o life; but the
yin that gallivants
wi gilravagers will
bring shame on his ain
faither.

133. A man that doeth
violence to the blood
of any person shall
flee to the pit; let no
man stay him.

(28:17)

134. Whoso is partner
with a thief hateth
his own soul: he
heareth cursing, and
bewrayeth it not.

(29:24)

The bodie that's got
fleckit wi somebody
else's blude is
staucherin straight
tae the mirksome hole.
Haud yersel aff that
villain.

Folk wha gang haufers
wi a thief dae herm tae
their ain souls. They're
weel eneuch aware o
the wrang, but niver
say eechie nor ochie.

135. These six things
doth the Lord hate:
yea, seven are an
abomination unto
him: A proud look,
a lying tongue, and
hands that shed
innocent blood, An
heart that deviseth
wicked imaginations,
feet that be swift in
running to mischief,
A false witness that
speaketh lies, and he
that soweth discord
among brethren.

(6:16–19)

Here's sax things
that the Lord'll hae
nane o – deed-aye,
there's seeven that He
detests awthegither:
boastfu een, a leein
tongue, hauns that
herm the feckless, a
hert that's aye ettlin
evil, feet runnin aff
tae gie trouble, a
crooked witness tellin
lees, an the bodie wha
sows bickerin amang
brithers.

Glossary

aboot	about
aff	off
afore	before
Ah	I
ain	own
aipple	apple
alang	along
amang	among
an	and
anither	another
argie-bargie	argument; to argue
auld	old
aw	all
awa	away
awthegither	altogether
aye	always; yes
bairn	child
baith	both
befaw	befall
behouchie	bum, backside
bevvy	alcoholic drink
bide	stay, remain
blaw	blow
blether	to talk idly; one who talks idly
blithe	joyful
blude	blood
boak	nausea

bodie	person
bonnie	good-looking
braw	splendid
breid	bread
brek	break
brither	brother
byre	cowshed
callan	young fellow
camsteerie	quarrelsome
cannae	cannot
canny	careful
chancer	opportunist
chiel	lad
chuckies	pebbles
cinner	cinder
clarty	dirty
clash	chatter
clippit doon	cut, shortened
clishmaclaver	gossip
clitter-clatters	senseless chatter
collieshangie	uproar
contermacious	obstinate
coonsel	counsel
couthie	friendly
crabbit	ill-natured
crack	chat
cratur	creature, person; fool
croon	head, crown
dae	do
daein	doing
daur	dare
deave	deafen; annoy
dee	die

deed-aye	indeed yes
ding	strike, beat; mete
dinnae	do not
disnae	does not
dool	grief
doon	down
douce	pleasant, respectable
drouth	thirst
drouthie	thirsty
dunt	thump, knock, blow
dwine	fade
eechie nor ochie	neither one thing nor another
eejit	idiot
een	eyes
efter	after
eneuch	enough
ettle	intend, aim at
faimily	family
faither	father
fash	bother (oneself)
fause	false
faw	fall
fermer	farmer
fit	foot
fleckit	spotted, streaked
forgie	forgive
frae	from
frien	friend
fu	full; drunk
fun oot	found out
gab	chat; mouth
gabbie	loudmouth

gallivant	flirt, deal
gang	go
gate	road, way
gey	very; fairly well
gie	give
gilravager	one who indulges in horseplay
girn	grumble, whine
girnal	food store
glaikit	foolish, stupid
gliff	(an) instant
gowd	gold
gowk	a fool
grun	ground
guid	good
gumption	intelligence
hairst	harvest
hale	whole
hame	home
hansel	gift
hard stuff	strong liquor
haud	hold
haufers	halves
haun	hand
heid	head
heid bummer	important official
herm	harm
hert	heart
himsel	himself
hinneren	end, endpoint
hiv	have
hoose	house
hot-heid	headstrong person
howk	dig
hunner	hundred

ingle	fire on a hearth
intae	into
isnae	is not
ither	other
jist	just
jouk	hide; dodge
joukerie-paukerie	trickery
keek	glance
ken	know
kye	cattle
leear	liar
leein	lying
leerie	lamp, light
lees	lies
loon	(worthless) fellow
lug	ear
mair	more
Maister	Lord
mak	make
maw	mother
meenit	minute
mindin	gift
mirksome	dark and gloomy
mony	many
mooth	mouth
muckle	big; much
nae	no
nane	none
neb	nose
neibour	neighbour
niver	never

no	not
nothin	nothing
o	of
oan	on
ony	any
oor	our
oot	out
ower	over
paiks	punishments
pit	put
pleisur	pleasure
plooin	ploughing
pow	head
puckle	small amount
puir	poor
reekin	emitting smoke
roon	round
saft	soft
sair	sore
sax	six
scrimp	scanty
scunner	(one who causes a) feeling of disgust; aversion, dislike
seepin	seeping
seeven	seven
sheuch	ditch, pit
shooglie	unsteady, shaky
shouder	shoulder

siller	silver
skelp	smack
slocken	quench
smeddum	resourcefulness
sneck	cut
snod	in good order
soo	sow
soopit	swept
soor	sour
souch	quiet
spunk	courage
stamack	stomach
stammygaster	unpleasant surprise
stane	stone
staucherin	staggering
staun	stand
steamie	laundry house
steek	to shut
stert	start
stooshie	fight, commotion
stot	bounce
stramush	uproar
tae	to
taen	taken
tak	take
tak tent o	pay heed to
tapsalteerie	upside down
tellin-aff	a telling-off
theirsels	themselves
thocht	thought
thoosan	thousand
thole	tolerate
tirrivee	fit of rage
tocher	bride's dowry
toon	town

traik	wander
tummle	tumble
understaunin	understanding
wan	one
wanner, in a	in one go
watter	water
wee	small
weel	well
wey	way
wha	who
whaever	whoever
wheesht	quiet
whit	what
wi	with
winkin	winking
wrang	wrong
wuid	wood
wumman	woman
ye	you
yer	your
yersel	yourself
yin	one